対人関係力は必ず上達する

矢野美枝

はじめに

子どもたちが大人になって、楽しく充実した人生を送るためには、人と関わる力（対人関係スキル）の習得がきわめて重要です。

特に学童期（小学生）は、その個人的・社会的スキルの基礎力を習得するため大切な時期です。

対人関係力の習得は社会人になってからでは遅すぎます。社会に出たら子どもの頃に習得した〝対人関係力〟を駆使しながら、効果的に発揮してほしいと心から願っています。

学童期には、子どもたち同士の関わりの中で、様々なトラブルが発生します。しかしそのトラブルこそが、その考え方の工夫を深め、解決方法を探るチャンスなのです。

特に、大人にとって小さなトラブルと思われることほど、子どもたちにとっては、重要な対人関係スキル向上の〝生〟の教材なのです。
更に**この時期に、年齢の違う子どもたちと一緒に、他人の大人が真剣に向き合って課題を一緒に考える**ことは、そのスキルの習得をよりスムーズにすることができると考えています。

私がかつて訪問したアメリカやカナダの学校で、**まるでボードゲームをしているかのような楽しい授業風景**に出会いました。一見すると日本の休み時間のように、子どもたちは常に言葉を交わしながら授業が進んでいきます。休み時間に教室を移動する際に、違う学年の子どもたちと楽しく話している姿も印象的でした。

また、学校の他にもアフタースクールやデイキャンプなどが充実していました。日本で多く見られる学習や技能の習得ではなく、そこは**小集団の中で子どもたちがそれぞれ対人スキルを伸ばし、社会性を身につけられる場所**でした。何より、**親自身が子育て力を身につけることが出来るような仕組み**でした。

例えば、物語を書く、料理を作る、虫を採る、スポーツをするなど、子ども同士が話し合いながら実行していきます。

問題が起こると、大人を交えてじっくりと、解決していました。そして、親、親以外の大人など立場の違う人たちが大勢いました。

私は、この海外で見てきた子どもたちのように楽しく対人関係スキルの練習をする場所と、そこに子どもが通うことで、親も学べる場所がこれからの日本に必要だと思いました。練習する場所と個々に合わせた方法が用意されていないだけで、**子どもを「人との関わり方が苦手だ」と決めつけるのはもったいない。子どもたちに、体験練習を重ねながら、もっと楽しく人と関わりあうことの素晴らしさを経験してほしい**との思いで、e・a・o・チャイルズ コミュニケーション スクールを開校しています。

現在、2歳から15歳のお子さんを中心に、対人関係スキルを向上させるアフタースクール、小中学生のフリースクール等を経営しています。**子どもが通うことで、親も学べる仕組み**になっています。ここでは、学齢でのクラス分けではなく、コミュニケーションスキルに応じて学年（グレード）を設定しています。独自のカリキュラムの中で、海外で見た子どもたちのように、**集団の中で楽しみながら対人関係スキルを習得するところ**です。2005年の開校（開塾）から、15年が経過した今、当初に来ていた小学生だった子どもたちは、高校・大学・専門学校に進学したり、就職したりして、社会の中で活躍し始めました。彼らの様子から、成果の手ごたえを感じています。

いつの時代も、子どもたちが生きるために必要な「人と関わるための対人関係力」をつけてあげることが全ての大人達の努めです。

そのカギは、子どもを母親の腕の中から社会へ送り出す時の「対人関係力を育む」経過にあります。

コロナ禍で、実際の人との距離だけでなく、人との関わり方や、これからの社会の在り方を考える人が増えました。これを機に、子どもの教育も変化していくでしょう。

そして、**子どもたちが生き生きと自信を持って生活し未来を創造できる力を身につけてほしい。大人達が共に子育てを支え合う新しい社会の仕組みができてほしい。**そんな願いをこめて、この本を書きました。

contents

03 どんどん変わる子どもたち

気になる行動が「強み」に変わる

01

対人関係力は必ず上達する

1　「対人関係力」を育む

人が生きていく上で、人と人が関わらないことは不可能です。生まれた時から、人は人との関係性の中にいるのですから。私たちは日常生活の中で人と話したり、共通の趣味を楽しんだり、時にはケンカしたりします。

そのように過ごしながら、人との関係性を保つことこそが、人が身に付けるべき力です。

つまり、**対人関係力とは人と人とが良好な関係を築き、それを維持していくために必要な力**のことです。

人との関わりは、自分側からの一方的な方法では成立しません。**相手があるから**早い時期から練習することが大切です。

ですから、**コミュニケーション力**（さまざまな情報内容を様々な手法で伝え合うこと）、**表現力**（人の嗜好や感情などを適切な状態に調整し伝える力）に**磨きをかける**

01 対人関係力は必ず上達する

ことが**対人関係力の向上**に欠かせません。

対人関係力は、**生まれてから経験と共に徐々に習得**していきますがそこには、本人の持って生まれた能力だけでなく、**生まれた後の人との関わり方が大きく影響**します。人との関わりは、自分側からの一方的な方法では成立しません。自分で伝えた言葉が相手に伝わったかどうかを確認し、思いを伝え合います。子どもは母親のお腹の中で育ち、生まれてからは母親の腕の中で育ちます。母親、父親、家族、親戚や地域の人々へと対人関係を広げていきます。**生まれた時から、いわゆる動物としての巣立ち訓練**が日常行われるのです。

私は、**人との関わりを苦手とする子どもたち**のことを、容易に「子どもの個性」という言葉だけでかたづけてしまう風潮には抵抗があります。子どもたちが将来にわたり人と関わり世の中を楽しく過ごすために、**どんな力が必要なのか**を考えながら〝**個性**〟**をどう活かすか**ということが大切だと思っています。

私たち大人には、子どもたちが学べる環境を作り出すことや、スキルを習得するために練習の機会を作ることが可能です。子どものころにその基礎を学ぶ環境を整えながら、スキル習得の機会を作ることがきわめて重要と考えています。

子どもたち同士で起こる様々なトラブルや、子育て中に出てくる悩み自体が一番の教材です。子どものために、意図的に時間と場所を作る必要があります。

スキル（技能）は練習すれば必ず上達していきます。

2　対人関係力の大切な「3つの要素」

子どもの対人関係を理解するために、具体的に次の「人に自分の気持ちを伝える方法」を考えてみましょう。

そして、どの部分が苦手と感じているのかを発見し、そこを改善することにより、対人関係力を向上させることができます。

01 対人関係力は必ず上達する

人との関わりには、「**相手**」・「**自分**」・「**方法**」の3要素にしぼりわかりやすいように分解してみます。

「人に自分の気持ちを伝える方法」

表題を3つに区切ります。

① 人に《**伝えたい相手に**》
② 自分の気持ちを《**意見や感情などを**》
③ 伝える方法《**伝え合うための**》

ここで、学童期の子どもたちには、まだ難しいと感じた方もおられると思います。相手を知ること・自分を理解すること・伝える方法（スキル）を考えると非常に難しそうですが、**私たちには本来本能が備わっています。**幼少期の子どもも、パパとママのどちらが良いのかを本能的に選んで意思を伝えていることが、その実例です。
①から③を詳しく説明していきます。

① 人に《伝えたい相手に》

子どもが**伝えたい人（相手）**のことをどのくらい知っているか。つまり、**他者理解**であり**相手に対する情報量**のことです。相手が誰なのかによって伝え方の方法が変わります。とても大切な情報です。

〈他者理解のための情報収集〉

- **年齢**
- **性格**
- **状況**
- **状態**
- （伝えようとする内容に関して）**相手がどのような立場**なのか。
- **近頃の様子**

相手に対して情報が多いほど良好な関係を保ちやすくなり、さらに、伝え方の選択肢が増えます。伝える相手を理解することが重要です。

人は、その前後の出来事で、怒りっぽくなっていたり、ウキウキしていたりなど感情に起伏があります。**相手の今の感情に気付く**と伝える方法を選びやすくなります。

② 自分の気持ちを《意見や感情などを》

自分の意見、思考、感情、意思の情報を整理してみます。自己を正確に分析し、自己理解を深めることは、相手との良好な関係を築く上で欠かせません。

〈自己理解のための情報収集〉

・伝えたいことの内容
・それに対する自分の意見
・そこに至った思考
・今の感情

自分も、相手と同じで、色々な感情を引きずっています。さらに、話しながら感じる相手の態度などで、刻々と感情が変化したりもします。そうすると、本来伝えたかった内容が少し変わり、「そんなに強く言うつもりはなかったのに」なんて、後で反省することがあります。

自分の伝えたいことを**明確にする**ことで、相手に伝わりやすくなるのは言うまでもありませんが、気持ちを言葉にするのは非常に難しいことです。伝える技術を身につけましょう。

③ 伝える方法《伝え合うための》

コミュニケーション技術の大事なポイントは、**伝え合う**という意識です。キャッチボールのように何度も**思いのやり取り**をします。伝えるためには、**表現の技術が必要**です。表現力や語彙《ごい》力が関係してきます。表現は大きく分けて「**言語**」と「**非言語**」

の2つに分類できます。
特に子どもは、言語を習得していないため、非言語的な表現を好みますが、自分の気持ちを相手に伝えるためには、言語の習得に力を注ぎましょう。

〈言語的〉
- **言葉**（言葉の内容、意味など）

〈非言語的〉
- **音**（声のトーン、音量、擬音など）
- **態度**（身振り、視線、表情など）
- **空間**（お互いの距離、位置など）
- **周囲の物**（服装、装飾品、道路標識など）
- **環境**（気温、照明、他の人たちなど）

これらを効果的に使うとより伝わるようになります。伝える方法は、技術や知識ですから、**練習することで上達します。**

①～③のどれを苦手と感じているかを考えながら練習していきましょう。

対人関係力は、習得するには時間がかかりますから、早くから取りかかりたいものです。一生学び続けることだからこそ、**その基礎力は、子どものうちに身につけさせて**いきます。幼少期から学童期が大切な時期で、親としては18歳までを目処に、子どもに少しずつ習得させ改善していきましょう。

対人関係は「相手」の存在を意識すること

人は人との関係性の中で生きていきます。つまり、「**生きることは**」＝「**相手ありき**」です。人に自分の気持ちを伝えるためには、「自己理解」「他者理解」「コミュニケーション技術」を磨くことが大切です。相手に伝わった時の喜びと共に人は成長していきます。**相手への思いやりと尊敬から、信頼関係が生まれ、対人関係力の基礎が身についていきます。**

3　母親の腕の中から社会へ

子どもは、対人関係力を「**どこで**」「**どのように**」習得していくのでしょうか。子どもの成長を意識しながら**場所と方法、その時の親の役割**を考えていきます。

人は、「**言語**」「**習慣**」「**価値観**」を持たずに生まれます。これらは生まれた国、地方、家庭によって異なります。つまり、**生まれた所でそれらを習得します**。

生まれる前から新生児期

子どもは母親のお腹の中にいる時から、すでに音が聞こえていると言われています。言語や血流の音を聞きながら成長するようです。

そして、生まれると直ぐに母親の腕の中に抱かれ、ミルクをのみ、言葉や生活の音を聞いていきます。

さらに、P17「人に自分の気持ちを伝える方法」でお伝えしたように、

・他者理解のための情報

・自己理解のための情報
・コミュニケーション技術
これらの基礎は、**母親と母親が信頼する身近な家族から様々な言葉をかけてもらいながら**学びます。

例えば、「私がママよ」「あなたは○○ちゃんよ」「悲しいの？」「楽しいね」などの言葉をかけられたり、「いないないばぁ」をしてみたり、小さな声で話しかけたり、時には、怖い顔と「ダメ」を同時に表したりします。


つまり、**家族は、この世に生まれた赤ちゃんが初めて「言語」「習慣」「価値観」に触れる人たち**です。生まれて間もない子どもにこれらを習得させるのは、とても根気を必要とします。言語が通じるには時間がかかるし、習慣を教えること、価値観から生まれる人や物の大切さを伝えることも難しいです。**一つ一つを根気よく教える家族は、対人関係の始まりの人であり、家族が集う家庭は全ての始まりの場所**と言えるでしょう。

子どもは、親から「こんな時は、こうするのよ」と、対処法について教えられます。

家庭内で、基本的な細かいルールが自然と身についていきます。

乳幼児期

乳幼児期は、手足の使い方や、物の扱い方、身体内部の消化機能などの成長の時期です。この頃にも、お友達との関わりは出てきますが、**まだ言葉の理解も伝えることも不十分で、大人の通訳**が必要です。

そして、

・**身近に他者が増える**

・**伝えたいと思う**

・**表現力を駆使しだす**

このような事が広がります。

わざと泣いたり、癇癪《かんしゃく》を起こして物を投げたり、母親にベタベタと必要以上にまとわりついたりも出来るようになります。

学童期

　学校は、近い年代の子どもたちが集まる場所です。各家庭で「言語」「習慣」「価値観」の違いがあるため、**学校では、それぞれの家庭での常識や伝え方が通用するとは限りません。**勘違いからケンカが起こり、様々な問題が発生します。どれが正解で、どれが間違いと言うことはありませんが、**人と人の違いを感じながら、同じ学年の子どもたちが、その年齢に必要な課題を解決していく練習**を行います。

　このころになると、**いよいよ対人関係の練習が始まり**ます。子ども同士で言葉を交わし合いながら、約束やルールの確認などが行われます。常に大人が介在しないので、思うように事が進まないことや、各家庭で学んだ言葉の受け取り方が通じないことがおきて、子ども同士のトラブルが発生します。

　時には、素直に謝っても、相手が許してくれないなど、家庭内で上手くいっていた処理の方法さえ通じない事も多々あります。

　また、子どもは母親に学校での出来事を説明しても、その状況が上手に伝えられません。生まれた時から一番理解してくれている母親に、状況を伝えられずイライラする事もあるでしょう。

01 対人関係力は必ず上達する

私が、**対人関係の練習を学童期にお勧めする理由は、学童期には、これらのことが起こるからです。**そして、親も子どもの身体の安全だけでなく、**心の成長に合わせて関わり方を変えていく時期**ですから、新たな学びが必要とされます。子どもたちが、母親の腕の中から社会へ飛び立つ第一歩となります。

また、対人関係力を習得するために、学童期には、学校のような同学年で決められた目的を達成する活動を行う場所以外に、**必要とされる場所**があると考えています。それは、**次の条件を備えた場所**です。

① **子ども自身がやってみたいと思えることが許可される**
② **子どもたちが安心して意見や感想を聞ける**
③ **さらにそれを、子ども同士で検証し合える**

そして、大切なのは、**それらのことを一緒に考えてくれる大人の存在**です。様々な出来事のとらえ方を広げてくれる大人が一緒にその時間を過ごし、一緒に考えてくれることで、**自分の家庭とは別の視点から子どもたちの思考が広がります**。今、必要なのは、「**子どもの成長を支える大人同士の関係性**」を築くことです。

ひと昔前であれば、それを地域の人々、大人数の親戚の集まりなどが担っていたようにも感じます。お節介にも資格が必要な時代になりました。**家庭や学校だけでは得にくい対人関係力の習得をサポートしていく新たな立場の大人の存在と、社会が求められています。**

子育ての終期

2008年ごろ、私はアメリカのマサチューセッツ州ボストンにある、障がい者を受け入れている大学を訪問しました。そこで、卒業生から、学生時代や就職後の様子を聞きました。ここの学生は、アメリカ全土から集まっていて、多くの学生が寮生活でした。学校での学びもありますが、私は、**寮生活のなかで自然と磨かれていく対人関係力**に魅力を感じました。

そして、衝撃的だったのは、**彼らとその親に子育ての終わりの時期が設定されていることでした。学校を卒業すると、親と同じ社会人になると言う意識**です。

日本では、「いつまでも親子の関係」という意識が強いため、私はこの時に、「子どもが社会に出ると対等な社会人になる」ということを再認識しました。

子育てに終わりを設定し、母親の腕の中から、親がいなくても自分で判断していける社会人になれるよう育てましょう。日常の中では、子どもが宿題や勉強をして良い成績を収めることに親の力を発揮しがちですが、社会性、対人関係力、コミュニケーション能力など、**学校の教科には掲げられていないことを身につけさせ**、社会人に育てていきましょう。

親として心がけるべきこと

・自尊感情を高める
・自己決定力をつける
・自己実現力を支える

努力する↓より失敗から学ぶ↓より新しいスキルを身につける

★ただ誉めると学びにくい★
※仲間をつくる場所を選ぶ
※子ども扱いにしない。幼く扱わない
※失敗したときにどうすればよいかを支援する
※あきらめない

4 対人関係とコミュニケーション

ここで、「対人関係」「コミュニケーション」「表現」の言葉を整理します。

〈対人関係〉
人と人が良好な関係を築き、それを維持していくこと

〈コミュニケーション〉
人と人が様々な情報内容を、様々な手段で伝えあうこと

〈表現〉
コミュニケーションをとるうえで、人の思考や感情などを適切な状態に調整し伝える技術

対人関係はコミュニケーションより意味合いが広く良好な関係維持が含まれていま

す。また、表現は伝達の方法でありスキル（技術）です。（これらは、使い方により意味合いが違う場合もあります）
対人関係とコミュニケーションのキーワードを合わせ、どのような力を具体的に育めば良いのかを考えていきます。

対人関係力
「相手」「自分」「方法」

コミュニケーション力
「情報内容」「手段」「伝えあう」

対人関係力＋コミュニケーション力
・相手（他者理解力）
・自分（自己理解力）
・方法・手段（表現力・問題解決力）
・情報内容（理解力・出来事の受け止め方）
・伝え合う（タイミング・言語力・企画力）

01 対人関係力は必ず上達する

対人関係力を向上させるためには、**苦手なところを探し出す**ことが近道です。子どもは、自分でどこが苦手なのかに気づいていないことが多いため、**親が気になる発言や行動を元に改善策を探り**ます。

対人関係もコミュニケーションも「自己理解」「他者理解」が出来ることが基本です。これらは、生きていく中での経験によって磨かれます。**一方的に教えることではなく、子どもが気づいて習得する**ことです。

表現力が未熟だと、伝達ができにくくなります。どちらも、人との関わりですから、大人が言った通りに「言わせたり」「行動させたり」するのではなく、**多くの人から「間違っている」「それでは勘違いされる」と指摘されながら言動を修正できるように導きます。**

子どもが大人に発言を指摘されると、親は子どもを庇《かば》うように言い訳を加えがちです。**他人からの指摘を改善へと誘導すること、謙虚に人の意見に耳を傾け、それを改善へとつなげていくことが必要です。**

02

対人関係力向上プログラム

ステップ1（親と子の強みを発見する）

対人関係力をできるだけ、「効率よく」「効果的」に練習するために、**親と子どものそれぞれの強みを発見しましょう。**

① 強みを発見する

この方法は、**大人でも子どもでも強みを発見することができます。**同時に行うのではなく、一人ずつ行います。

自分で自分を物に例えてください。**自分で例えることがポイント**ですから、子どもに誘導しないようにしましょう。そして、**1分以内**でお答え下さい。

「自分を物にたとえると何ですか？」 ←

その**物の長所**（良いところ）と、**短所**（悪いところ）をたくさん挙げます。
（色々な人から長所・短所を挙げてもらうとより強みが発見されます）

←

物の長所の言葉を人の**強み**の**言葉へ**
物の短所の言葉を人の**強み**の**言葉**もしくは、**自分を管理の方法の言葉へ**と、言葉をかえて解説してみましょう。

←

解説を聞いて**本人がどう思ったか？**を言葉にします。

それが重要です。自分の口で**感想を発言した**ことで、**自己肯定感が高まります**。また、**親**も、**気になっていた子どもの発言や行動が強みになる**ことを感じるでしょう。
それこそ、自分の強みです。

←

親も同じように行います。

子どもは、**親の長所を知ることで親への尊敬が増します**。さらに、自分の親の長所を知ることで、自分の自慢へとつながります。**親子の信頼関係が高まります**。

←

親と子のそれぞれ例えた物は、**その物同士がどのように関わり合うのが最適な**のかを考えます。

それにより、**お互い強みを認め合う**ことができ、**親子の強みを活かしたお互いの関わり方を見つける**ヒントになります。

実例を挙げて、それがどのように強みになるのかを解説していきます。

《子どもの回答例とその解説》＊小学4年生男の子

【物に例えると】時計

02 対人関係力向上プログラム

【物の長所→人の強みへ】
ないと困る→重要な人物
どこの家庭にもある→知られている有名人
予定が立てやすい→関わりやすい
ペースが一定→生活リズムが整えやすい
色々な文字盤がある→個性がある
目覚ましなど大きな音が必要→必要な時に喋る良さがある

【物の短所→人の強み・自分の管理へ】
電池が切れると時間がずれる→疲れすぎる前の早めの休息
意外性がない→安定している

【解説を聞いてどう思ったか】

自分が重要だと言われてうれしかった。人と話すのが恥ずかしかったけど、見られるだけでも役に立つと知り安心した。

《親の回答例とその解説》

【物に例えると】 掃除機

【物の長所→人の強みへ】

ゴミを吸い取る→不要な物を取り除く事ができる
誰でも知っている→知名度が高い
誰でも使える→多くの人が関われる
手が届かないところまで届く→良く行き届く

【物の短所→人の強み・自分の管理へ】

判断せずなんでも吸いとる→前もって活動範囲を決める
ホースが破れると吸い取らない→危険な物に近づかない
吸い取った物を捨てる必要がある→気分転換が必要

【解説を聞いてどう思ったか】
子どもに対して何でも吸い取っていたように思った。自分の気分転換を行い心のゴミを処理しようと思いました。

《親子の関わり方》

【物同士】 時計（子ども）と掃除機（親）

【物同士の関わり→親子の関わりへ】
時計のゴミを掃除機が吸い取る→子どもが綺麗になる
掃除機の音で時計の音が聞こえない→時には子どもの話を良く聞く
時計が壊れるとそのガラスで掃除機が壊れる→お互いのメンテナンスをする
掃除機で時計を強く叩くと時計が壊れる→性能の違いを意識する

この手法は、**人を物に例えることで多くの人から長所を聞くことが可能です。**

また、「物」と「意識」を語り合うことで**心の距離が近くなります。兄弟やお友だち同士など、お互いの関わりが上手くいかないときにも使えます。**

② 五感の癖を発見する

「センスが良い」と聞くと、一般的にファッションセンスが頭に浮かぶかもしれません。

語源的には、〝**センス（sence）**〟とは、**感覚機能、感じ、気持ち、意識、勘などを意味**します。

五感とは五つの感覚である視覚・聴覚・嗅覚・味覚・触覚をさします。感覚には人それぞれに得意や不得意分野があります。ですから、良いも悪いもありません。

その中でも、**子どもの得意な感覚を発見しましょう。発見のポイントは、親が気になっている子どもの発言や行動にあります。**子どもは得意だからこそ、そこばかりに頼ろうとして、苦戦しているかもしれません。

子どもたちは、この感覚器が未熟です。**得意、不得意にとらわれず、その感覚器が環境や状況に合わせて働きやすいように、少しずつバランス良く伸ばしてあげましょう。**

また、**さまざまな感覚器を同時に使う**ことでセンスが磨かれます。例えば、公園を散歩しながら、風景をながめ、鳥のさえずりを聴き、樹木を手でふれる。花の匂いを嗅ぐなど、五感をフルに使うとよいでしょう。

③ 行動の癖を発見する

行動は、出来事の捉え方によっても変わります。出来事が人の感情を決めるというより、**その捉え方で感情が働きます。**家庭的な影響を受けやすいと考えられています。

〈例えば〉

雨が降って体育祭が中止になったとします。楽しみにしていた子どもは残念に思うでしょうし、元々嫌だと思っていた子どもは嬉しく思うでしょう。

また、人は**出来事を捉える時に、自律神経が大きく関与している**といわれています。

〈例えば〉

緊張したり興奮したりすると、心臓がドキドキし胃腸が働きにくくなります。これは、自律神経の働きで、自分の意識で動かす事ができない筋肉の収縮や弛緩《しかん》が起こるからです。

子どもは、状況に応じた対応の種類が少ないので、「イヤ」だとか「嫌い」というように感情で処理をしがちです。

子どもの出来事の捉え方は、経験や成長などとともに変化していきます。

子どもが出来事によってどのような感情が働くのかを観察し発見しましょう。どうしてそのような感情を持つのかと親が不安に思うより、どのようにして**その感情を処理したら良いのかを教えていきましょう。**

多くの人の意見を聞くことで、出来事の捉え方は広がります。出来事の処理の種類が増すと、落ち着いた気持ちや行動につながりやすくなります。

「理解力」「表現力」などに磨きをかけ、「受け止め方」「断る力」も徐々に身につけさせましょう。

④　**変化の途中も子どもに伝える**

子どもの「変化」や「努力」を感じた時は、それを、親は子どもに褒める形で伝えます。

特に

- **あいさつの言葉の選び方**
- **声の使い方**
- **視線**
- **体の使い方**
- **人との距離**
- **時間の捉え方**

などの変化は大きな進歩です。

人は、**自分のことに気付いてくれると嬉しい**ものです。例えば、「髪切った」「その靴新しいね」など。

特に学童期は、自分一人で出来ることが増えていくため、幼少期にその都度褒められていたことが当たり前となり、褒め言葉も少なくなります。

褒めてばかりはいられませんが、**親が自分を観察してくれて、変化に気づいてくれることが励みになります。**（観察と監視はちがいますのでご注意ください）

⑤　子どもの変化を通して親も変化する

子どもの変化は喜ばしいことです。しかし、時には、**大人の方がその変化についていけず、いつまでも幼い子ども扱いにしてしまう**ことがあります。子どもの変化が定着するためには、**親の変化が重要**です。

学童期はまだまだ子どもですが、少しずつ頼りにすることを増やしましょう。**子どもも、人の役に立ちたいと考えています。活躍の場をあえて作ってあげること**で、自信がついてきます。

失敗しても改善点を先に言わず、まずは、やった勇気と感謝を述べると良いでしょう。失敗の改善は子ども自身でも考えていますから、相談されてから助言するように心がけます。

家庭内で子どもの役割を増やして大人との信頼関係を築くことで、成長を誘導していきましょう。

ステップ2（親子でやってみる）

5つの集中パワー

5つのパワーは、対人関係力を身につけるための大切な基礎練習のひとつです。簡単な体操として**親子でやってみましょう。人との関わりは、他人への「適度な集中」ができるようになることが基礎**となります。視線や所作、相手の話の聞き方などの5つの能力を伸ばします。

① アイパワー
「見る力」「見られる力」の基礎力です。

視線を合わせて会話をしましょう。時には、目だけで言いたいことを伝えてみましょう。伝わらないのは当たり前ですが、どんな気持ちを伝えたいのかを考えることで、思いやる力も身につきます。

また、目を見て話すことは、お互いに顔をむけている状態です。この状態で話すと、声の音の波が皮膚や耳に届きやすくなります。口元も相手に見えるので、会話がスムーズになります。

人の顔を見て話したり、人から見られることに慣れたりすると、人との会話に自信が持てるようになります。子どもは特に、落ち着いていて、思慮深い印象を与えることにもつながります。

② リスニングパワー
「聞く力」「動作をストップする力」の基礎力です。

小さな声や、短い話しを聞きとり、復唱させます。時には、似たような言葉でも意味が大きく違うものが聞き取れるか親子でゲームをしてみましょう。

聞き逃さないようにすることは、注意力を要します。口の動きを補助的に見る事も覚えるでしょう。

また、集中して聞きたい時は、今自分が行っている行動を一旦ストップするようになります。「静かに」「黙りなさい」「やめて聞きなさい」と言う指示が不要になります。

人の話をよく聞く行為は、相手への敬意を表します。伝えること以上に人の話を聞くことは大切です。

③ ブレインパワー

「考える力」「伝える勇気」の基礎力です。

いつもと反対のことを考えさせましょう。例えば、「いす」の間違った使い方を言うなどです。座るものと教えられていますが、物をとる時に「いすに立つ」場合もあります。この場合、それは、間違った使い方とはなりません。

正しさにこだわると、それ以外は全て間違っていると考えがちですが、時と場合により使い分けが必要です。**何かを応用したり代用したりする知恵につながります。**

幼少期に言われた言葉をそのまま受け取って行動すると、応用が利かないどころか、人の批判が多くなりがちです。

大人になって、様々な経験を活かせるように、**学童期あたりから自分で考えてそれを評価してもらう勇気**を持ってもらいましょう。

④　ムーヴパワー

「自分を動かす力」「動く力」の基礎力です。

「右に3歩」「右手を上げて左に1歩」**相手が言った通りに体を動かしましょう。**

思った通りに自分の体を動かすことは容易ではありません。字を丁寧に書く事も、スポーツのフォームも、言われた通りにやっているつもりですが、なかなかお手本通りに指先や体が動きません。

思った通りにいかないと、諦めたくなりますが、**思った通りになることを増やしていくことで、新たな動きへの挑戦となります。思いを行動に移すことが、スムーズになるように、「言葉」と「動作」の練習を繰り返して身につけていきましょう。**

⑤ アンサーパワー

「答える力」「記憶力」「まとめる力」の基礎力です。

本を少しずつ読んで、「誰が○○しましたか？」などと尋ね、それを答えさせましょう。時には、**本に書いていなかった事も尋ねてみましょう。**勝手に答えを作り出すのではなく、「それは、わかりません」という答えを導くためです。

本も人の説明も、全てを丸暗記するのではなく、**要点を押さえながら、順序よく自分の頭で思い描いて記憶する**ことがポイントです。

幼少期には、言葉を復唱させて物の名前を覚えさせます。学童期になると、人から人に何かを伝言することが多くなります。**言葉自体より、どのような気持ちを相手に**

伝えれば良いのかを考えて、言葉を選べるようになると、伝言がスムーズになります。答えは一つではなく、さまざまな表現があります。子どもが選ぶ言葉をもとに、添削していきましょう。

ステップ3（家族・小集団でやってみる）

学童期に、小集団の中で対人関係力について練習することは、効果的です。家族と違って、ある程度の工夫をしなければ伝わらないからです。いつも楽しいばかりでなく、自分の想い通りにならないからこそ練習になります。

多少の努力や苦難を乗り越えながら、「出来なかったことが出来るようになる」喜びは大きく、次のステップへの力ともなります。

また、子どもを集団の中で競い合ったり比べ合ったりするのではなく、新しいチャレンジを重ねることで、さらなる成長を促します。

02 対人関係力向上プログラム

① リアルセッション（現実会議）

学校などの日常で起こった実際の問題やトラブルで、自分が納得していないことを話し合い、納得するための会議をやってみましょう。集団生活でのトラブル対応力や、解決力を身につけます。

〈子どもたちの小集団でこんな事がありました〉

（小学2年生）「ケンカが起こり、お互いに謝って許し合ったけれども、もと通りに接してくれない」

（小学5年生）「どうしたいの」

（小学2年生）「前のように仲良くしたい」

（小学5年生）「また仲良く遊びたいと自分から声をかけてみたらどうかな。キッカケを待っているかもね」

学校での出来事を、小学生の高学年が低学年にわかりやすく伝えることで、信頼関係が生まれます。「話す力」「聞く力」「理解する力」「思いやる力」など様々な力が身につきます。

自分の思いを**否定されずに聞いてもらうだけで自分自身で解決する**こともあります。

②　プランドゥ（企画会議）

子どもがやってみたいことを企画実行してみましょう。子どもと一緒に企画を立て子どもが、「どんな手順で実行し、どんな準備や費用がかかるのか」「安全性は？」「どんな人の協力が必要で、どのように説得するか」など、**企画から実現するために必要な力を身につけます。**

〈ある家庭でこんな企画が実行されました〉

- 朝までゲーム大会
- 自転車で恐竜博物館まで行く
- お腹いっぱい食べるアイス大会
- スイカ素手割り大会
- 焼きスイカ

大人が「ダメだ」と言いそうなことでも、「それなら良いよ」と協力してもらえるような企画にすることが醍醐味《だいごみ》です。

子どもたちの発想は、大人に相談や交渉することから始まります。**企画は、やり通すだけが成功ではなく、出来なかったことを次に生かしていく経験**であることも知ってほしいと思います。

③　エクスプレス（表現力）

さまざまな方法で相手に情報を伝え、それがどう伝わるかを体感してみましょう。気持ちや状況を表現できるようになることに特化した体験を行います。

〈例えばこんな事があります〉

・表情が書いてあるカードを1人がみて、それを顔で表現し、どんなカードか当てる。

・カードの書いてある気持ちを表すには、どのようなポーズが良いかを考え、ひとポーズだけで当てる。

・言葉を使わずに「物語」を作り、あとで、どんな台詞があればより適切に伝わるかを話し合う。

・曲を聴いてその時の気持ちを体で表す。

「言葉」や「共通の仕草」が便利だと気付いて、その便利な言葉や仕草を使いこなす努力が始まります。

④　英語（フォニックスと文法）

日本語の会話を伝えやすくするため主語と述語を意識して伝える力を向上させましょう。

言語の習得は、対人関係力の習得に似ています。耳で聞き、声に出すことを繰り返しながら上達します。

また、英語の発音は日本語より口を大きく開け、息を吐き出さないと上手な発音になりませんから、声が大きくなり、表情筋も鍛えられ、日本語の滑舌もよくなります。学童期も高学年になると、日本語をはっきりと大きく言うことが恥ずかしくなります。しかし、英語が上手に発音できるようになると、普段の声も大きくなり自信に満ちた顔になっていきます。

4　成功へのカギ

子どもの成長には、何といっても**親の力が一番大きい**です。家庭にこの6つの習慣があると対人関係力の向上が断然違います。

①　質問だけではない「会話」

子どもと会話を弾ませる習慣

子どもとの会話において、親が一方的に質問攻めにしないようにしましょう。

クイズ番組のように、「質問と答え」を繰り返すのではなく、一つの話題を様々な角度からキャッチボールを続けるように、お互いに心地よく話しましょう。

会話の目的は、相手から情報を聞き出すだけではありません。**「説明」「説得」「討論」「交渉」「労い」**など様々です。**家庭で多くの要素を含む会話を心がけます。**

また会話は、話しかける言葉や、そのタイミングが重要です。**日常の会話から、その言葉とそのタイミングを体感させましょう。**

最終的には、**子どもが人に気軽に話しかけることができ、仲間と会話を弾ませることが大切です。**

② うなずきながらの「共感の言葉」

子どもの話をうなずきながら聞く習慣
同時に、目を見て、共感の言葉かけ

親は子どもの見本です。家族だからといって何かに気をとられながら子どもの話を聞いていると、子どももそのような聞き方をしてしまいます。

返事の代わりにうなずくのではありません。**話している人への敬意と共感を示すことです。**

うなずきながら共感の言葉を上手に伝えることができると、お友達との会話も進みます。自分の話を聞いてもらうのと同じように、人の話しを快く聞くことを体験させましょう。

③ 親も一つ一つ行う「返事」

親も子どもに対して目を見て返事をする習慣

返事には大きく分けて2種類の意味があります。**聞こえましたの「はい」と、わかりましたの「はい」です。**

返事が無いときは、聞こえているかどうかがまず不安になり、繰り返しても応答がない場合は、そこがイライラの原因になります。**子どもが返事をしないときは、聞こえてはいるけれど、了承したくないときもあります。**

まずは、**大人が返事の見本を見せることが大切**です。聞こえましたの「はい」を相手に伝え、内容に対しても「わかりました」「今は出来ません」など、2種類を使い分けると良いでしょう。

④ 絵や文字を「ほめる」

書くこと、描くことをほめる習慣

話し言葉と同じように、読み書きも練習が必要です。クレヨンや鉛筆で絵を描き、文字や数字を書く習慣を身につけましょう。特に幼い子どもは、**親が喜ぶことや褒められることを続ける傾向があります。学習も褒めて子どもが喜ぶうちに少しずつ習慣化していきたいものです。**

書いたこと自体を褒めることが重要で、「お母さんは、これが好きだな」と、個人の好みを持ち込みすぎないように気をつけましょう。勿論、「こうすると、もっと綺麗に書けるよ」とか、「書き順はこうだよ」と教えることは大切です。時には、褒めるだけでなく、**一緒に絵や文字を書いてあげて下さい。**

⑤ 声に出して「数える」
子どもと一緒に数を数える習慣

色々な物を数えると、数字だけでなく、時間の経過を感じることができます。命の長さを時間で考える事ができるようになると、時間の大切さを感じることができます。人と関わり生きていると、色々な場面で、人の時間を使ってしまいます。そこに、感謝の気持ちをあらわしたいです。

数えることだけが目的ではなく、数が多いと時間が経過することを、時計を見ながら話し合いましょう。

昔は、お風呂から上がる時に10まで数えていたことを思い出します。夏は、10を数えるのが長く感じました。

⑥ 目を見て微笑みながらの「許可」

許可は目を見て微笑みながら出す習慣

「いいよ」と**許可を出す場合に、子どもの目を見て微笑みましょう。声と表情を合わせることで、子どもは自信を持って取り組むことが出来ます。**「いいよ」といいながら、イヤな顔をされると大人でも、やめておこうかなと迷いが生じます。

気をつけることは、許可を出さないときや、叱るときだけ、子どもの目を見るような行為です。そうなると、人と目を合わせるのが怖くなります。**目を合わせて、相手の表情を見ることで、情報が増えコミュニケーションをとりやすくなります。**

どうせ許可を出すのであれば、微笑みをつけて、行動の後押しをするように行いましょう。

5　対人関係を身につける学びのプロセス

ここでは、対人関係向上プログラムを行なった子どもと保護者の一般的な学びの経過をご報告します。

①　子どもの変化と親の変化

学びのプロセスと親子の経過　1

学びのプロセス	子どもの経過	保護者の経過
ステップ1（親と子の強み発見）		
子どもの強み発見	自己肯定感が高まる	子どもの気になるところが強みとして考えられるようになる
親の強み発見	親への尊敬と喜び	子どもとの信頼感が高まる
親子の強みを活かした互いの関わり方	対人関係の始まり	関わり方の工夫が増える

学びのプロセスと親子の経過　2

ステップ2（親子でやってみる）

学びのプロセス	子どもの経過	保護者の経過
アイパワー	自分の存在感を感じる	話しやすくなる
リスニングパワー	集中力が向上する	子どもが動作を止めて聞くので伝わりやすくなる
ブレインパワー	大人の意見を気にせず自分の意見を言える	子どもが反対意見を聞き入れるので伝えやすくなる
ムーヴパワー	行動力が向上する	言った言葉を子どもが動作で表してくれるようになる
アンサーパワー	答える力・記憶力・まとめる力が向上する	自分でまとめて表現するので、言葉を台本のように伝えなくてよくなる

学びのプロセスと親子の経過 3

＊親子2人より家族や小集団で行うことが有効的です

ステップ3（家族・小集団でやってみる）		
学びのプロセス	子どもの経過	保護者の経過
リアルセッション（現実会議）	自分の話しを聞いてくれる安心感	子どもが、どう考えていたのかがわかるようになる
プランドゥ（企画会議）	「ダメと言われる」と思っていたことを出来る方向で考えてみる	子どもが試行錯誤しながら交渉してくる姿をたくましく思う
エクスプレス（表現力）	言葉が通じることや、動作に意味があることがわかる	子どもの言葉と動作が意外にも一致していなかった現実に驚く
英語（フォニックスと文法）	主語と述語を意識して伝える力の向上	子どもにわかりやすく伝えるコツを探ることが出来る

学びのプロセスと親子の経過　その後

	その後
学びのプロセス	・親子だけでなく、学校や地域など多くの大人とふれあう環境をつくる ・子どもに適した学び場を選択する
子どもの経過	トライ&エラー&トライの繰り返しで徐々に身に付く
保護者の経過	・夫婦間、自分の親子間の関わり方に変化が出る ・子どもの感情に振り回されず、親に出来る環境を整備したり選択したりする ・子どもと相談しながら進路や学びの場を選ぶ

② 子どもからの評価・意見

・自信をもって意見を言えるようになった。
・人と話すのが楽しくなった。
・仲間ができてうれしい。
・「叱られると思っていたこと」が、「教えてもらっている」に変わった。
・自分の気持ちを言えるようになった。
・お友達とのトラブルが少なくなった。
・時間を大切に考えるようになった。
・周囲を見渡す余裕ができた。
・弟妹にやさしくなった。
・宿題が早く取りかかれるようになった。
・暴れなくてよくなった。
・気持ちを抑えられるようになった。
・気持ちが強くなった。
・親と楽しく話す時間がふえた。

③　**親からの評価・意見**

・子どもとの向き合い方がわかった。
・親子の会話がスムーズになった。
・子どもの良さを理解してくれて嬉しかった。
・自分自身が楽になった。
・子ども扱いにし過ぎていたことに気づいた。
・子どもの可能性を信じられるようになった。
・子どものよい部分を気づくようになった。
・子育てに安心感を持てるようになった。
・子どもより親の方が学びになった。
・心強い。
・子どもが安心できる場所ができた。
・自分自身が子どもの頃に通いたかった。

子どもの“自信”づくりサイクル

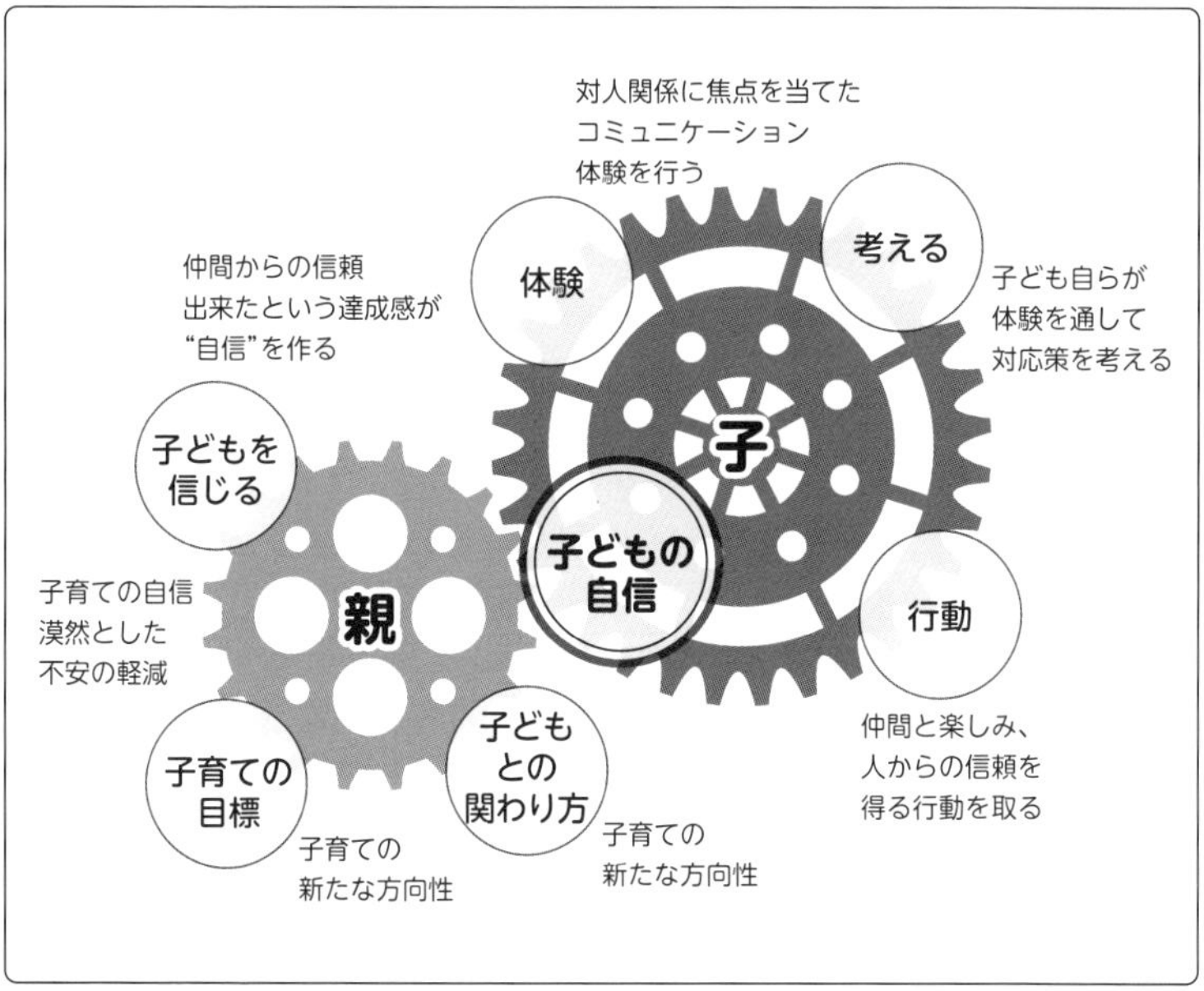
対人関係に焦点を当てた
コミュニケーション
体験を行う
体験
考える
子ども自らが
体験を通して
対応策を考える
仲間からの信頼
出来たという達成感が
“自信”を作る
子どもを
信じる
子
子どもの
自信
親
子育ての自信
漠然とした
不安の軽減
行動
仲間と楽しみ、
人からの信頼を
得る行動を取る
子育ての
目標
子ども
との
関わり方
子育ての
新たな方向性
子育ての
新たな方向性

03

どんどん変わる子どもたち

気になる行動が「強み」に変わる

ここでの気になる行動は、主に親が子どもに対して気になり改善してほしいと思う行動を指しています。

子どもの気になる点や行動は、強みに変えることが出来ます。本来その子の強みであることが、些細なきっかけで、気になる行動に変化してしまった可能性もあります。

大人の言葉の使い方や、子ども同士の素直な力で本来の強みに変えて輝かせましょう。子どもたちが自身の力によって変わっていく姿は感動的です。

1　大人の言葉の使い方を変える

人と関わるときに、その人の言葉の意味を正確に理解することは難しいものです。語彙《ごい》力の差だけでなく、**同じ言葉でも使う人によりニュアンスが異なります。**

また、言葉の内容よりも、**「声のトーン、視線、タイミング」**などの非言語的な要素が大切な場合もあります。

大人と比べて経験の少ない子どもたちは、言葉を覚えるだけでなく、使うことを数多く経験する必要があります。

大人が使いがちな言葉の中から、「**なるほど！そう考える子どももいる**」という事例を5つ紹介します。子どもに対する声かけのヒントになれば幸いです。

①「前を向いて走りなさい」

何度「**前を向いて！**」と言っても、聞いてくれなかった5歳児が、「**行きたい方向を向いて（見て）走りなさい**」と、変えたところ、**横や後ろを見て走ることが少なくなりました。**

人は自分が見た方向が前と認識することが多くあります。また、「上・下」「左・右」「前・後」などは、人の立ち位置や向きで変化する言い方です。新幹線も進行方向により先頭車両番号が変わるように進行方向で前・後は変わります。また、道を曲がると地図上の左右の表現が変わります。

子どもが「左・右」「上・下」「前・後」の言葉を使えるまでに経験を積めば、それらの言葉を理解できるようになります。さらに、確認まで出来るようになると会話がスムーズに感じられます。

②「**危ないからやめなさい**」

何度「**危ないから！**」と言っても、やめてくれなかった小学1年生がいました。

どうやら、その子どもは、その行為をいつも失敗して怪我をしているにもかかわらず、「今度は成功する！」と思っていたようです。

この場合、「危ないから」の理由は不適切です。

「**見ている私が怖くてたまらないからやめて**」と、変えたところ、相手を想うその子は、「わかった。ごめんなさい」と**やめてくれました**。

「〇〇だから、〇〇する」の使い方は、教えるときには比較的有効ですが、**子どもは、その理由に納得がいかないと、その行動をやめません。**

原因と結果が結びつく体験を積めば、大人が意図していることが理解できるようになります。

③ **「人を叩かない」**

お友達を「**叩いた**」「**叩いていない**」**のケンカ**が起こりました。小学3年生です。意図して叩いていなければ、多くはその強さが問題になります。相手の感情も大きく関与することですから、「**人に触れることは出来るだけ避けて、言葉で伝えよう**」と伝えました。

そこで、小学生の子どもたちと、「どこからが叩いたと言えるでしょうゲーム」を行いました。相手にも感情があることを体験した上で、考えてもらう方法をとりました。

〈方法〉

・子ども同士で肩を「そっと触れる」から「ポンと叩く」までの3段階の強さを決める。

・叩く方向を「向かい合って」「横から」「背後からそっと」の3方向から行なう。

・向かい合って叩く場合の表情を「笑って」「無表情で」「怒って」の3種類で行なう。

〈結果（話し合いの意見）〉

・前から叩かれるより背後からの方が突然で強く感じた。

・叩く程度は同じでも、方向や表情で感じ方が違った。

・叩いていないつもりでも、相手の感じ方で強さが変わることがわかった。

など、多くの意見が出ました。

意図して叩いた場合は別ですが、「触る」から「叩く」までの行為は、その程度を**体験しながら相手の感情を理解できるようになります。**

④「壊さないでね」

「もう、壊さないでねって言ったのに、触るから・・・」というような状況でした。

小学4年生です。もう少し低学年の場合は、「触らないでね」とストレートに禁止表現の声かけをします。年齢が上がるにつれ、言葉の意味を考えて、言葉の奥にある状況を予想する力が必要になります。予想ができるためには、その言葉を充分に噛みくだいて示します。

「**壊さないで**」と言うことと、「壊さないように、そっと扱って良い」と言うことは別です。

そこで、「**壊さないで。つまり、触らない。壊れる原因となることをしないでね**」

最初にストレートに伝え、次に言葉を噛みくだいて考える方向性を示しました。

言葉だけでなく、それをどうやったら遂行できるかを考える力と、それを実行する力、さらには、自分を抑制する力が必要になります。

⑤「**我慢して静かにしていてね**」

小学2年生です。言葉通りに我慢して、じっと力を入れて待っていました。子どもにとって**我慢する行為は、じっとして、力を入れること**に繋がりやすいと感じています。

頑張り過ぎたのでしょう。しばらくすると、体の筋肉をほぐすかのような行動を始めました。

行動を指定する場合は、状態より、やるべき具体的な動作を伝えます。

「本を読んで15分静かにしてね」

と、終了の時間を伝えると時間の概念もつきやすくなります。

「我慢」と言う言葉は、大人にとって便利な言葉ですが、「封じ込める」と言う、意味合いが強く、いわゆる、我慢には限界があります。指示を出す場合は、具体的な動作や終了時間を伝えるとスムーズになります。

2　子どもたちの事件簿

子どもたち同士での話し合いの中には、お互いを磨き合うチャンスが多くあります。

大切なのは、その話し合いの中には、子どもたち自身が「**言い間違いをしても、上手に表現できなくても、大丈夫だ**」**と思えるような信頼できる大人が立ち会うこと**です。

子どもたちは、まだ自分の気持ちを上手に表現しきれていませんから、信頼できる大人がいることで、安心して相手を思い遣ることができるのです。

もう一つ大切なことは、**年齢の違う子どもたちと話し合うことです。**同じ年齢であれば、発言の内容を競い合う気持ちが発生し、本来の自分の気持ちが置き去りになりやすくなるからです。

実際にあった出来事から、「**子どもたちが気づき合う様子**」を5つ紹介します。自由に発言できる環境の中で、子どもたち同士が持つ力を感じていただければと思います。

① ボソボソ独り言事件
実力を出しきれない子

03 どんどん変わる子どもたち
気になる行動が「強み」に変わる

小学4年生の男の子。

自分の意見をはっきりと伝えきれず、ボソボソと喋ります。意見を最後まで言えずに、独り言のように話していました。

ある日の話し合いでの出来事です。

他の子どもたちから、彼の話し合いの参加態度について次のような意見が出されました。

「せっかく意見を言っているのに、途中で声が聞こえないから独り言になっている」

「意見として述べた方が良いと思う」

「間違っても大丈夫だから、最後まではっきり言った方が良い」

「自分の意見は、話している人を見て言った方が良い」

それを聞いて男の子は、

「自分の意見が正しいかどうかわからないから、はっきり言えない」

「みんなの意見が違うから、誰の意見に合わせたら良いかわからない」

と、ボソボソと答えました。

他の子どもたちから、

「意見はどう思っても悪くない」

「正しいとか間違いではなくて、自分の意見を言葉にできているのだから、最後まで言わないともったいない」

「自分の意見を言葉にする」

「はじめから人の意見に合わせなくて良い」

「ぼくも自分の意見に自信はないけど、言うことが大事だと思う」

などと、様々なアドバイスをしました。

男の子は、少しずつ話す言葉が最後まで聞こえるようになりました。

ある日、彼の意見が素晴らしいと拍手されたとき、彼は誇らしげな笑顔になりました。

《本人の言葉》

「僕は、意見が違う人と一緒にいると、自分がどうして良いかわからなくなっていました。しかし、意見は一つにまとめなくても良いと言われ、**意見を出し合えるのが仲間だとわかりました。**遠慮せず、自分の気持ちを言葉で伝えられるようになりたいと思います」

《保護者の言葉》

「独り言も自分の意見として発表できる形にすればよかったことに気づきました。すっかり、やる気がないだけだと思っていました。自分の子どもを信じていきます」

② 便利なワガママ事件
自己否定的な子

小学5年生の男の子。

「どうせ○○でしょう」「○○したら○○になって○○しないとダメなんだ」「結局ぼくが悪いんだ」と、自己否定的な発言が多く、人の話を素直に受け入れない子どもでした。

ある日、新しく生徒が入学してきました。その子も彼と似ていて、物事を否定的に捉える発言の多い子どもです。

彼も自分と似ている感じがしたようで、先輩としてその子に話しかけました。

「僕は、こう思うのだけど、君はどう？　僕は、今、君がわざとでは無いように思ったのだけど、何か伝えたいんじゃない？　正直に言って良いよ。それでどうするってことでは無いから」

と、丁寧に自分の気持ちを伝え、相手に確認をしていたのです。まるで、自分に話しかけているようでした。

しかし、なかなか後輩に響きません。後輩は、彼と同じように否定的な言葉ばかり返してきます。そして、何度も繰り返しているうちに、ついに彼は、「いつも、人の意見を否定してばかりで、それは自分の妄想だ。やりたくない理由だ」と叫びました。

みんなは、「君がその言葉を言うのか」という顔をして、彼を見ると、照れたように私たちをみて自分で笑い出しました。
そう、正に自分のことに気付いたのです。

《本人の言葉》

「僕は、人と話すことが面倒なことになると思い込んでいました。しかし、**自分と似ている人のお世話をして、自分のことに気付きました**。今までは、自分自身の不安からの言い訳ばかりで、便利なワガママでした。これからは、言葉や表現力を身につけ、人と会話し、仲間との楽しい時間を過ごすことが出来るようになりたいです。色々な人から気軽に話しかけてもらえる大人を目指します」

《保護者の言葉》

「言葉で伝えても聞く耳を持ってもらえませんでしたが、学年が違う自分と似ている**後輩に出会えたことで、自ら気づき改善してくれたことを大変嬉しく思います。家庭だけではできないことでした**」

③　ポロシャツ事件
人のせいにする子

小学5年生の男の子。

3人兄弟の長男で妹と弟がいて、兄弟の面倒をよく見る責任感が強い子どもです。しかし、自分を守るために言い訳をして、何かあると、他人のせいにし、すぐに怒っていました。

夏祭りがあり、その日は、皆で制服のポロシャツを着用し発表することになっていました。彼は、時間ギリギリにやって来て、制服を忘れたことに気づきました。彼は、「僕は悪くない、お母さんが、お母さんが」と言って隅で丸まり大泣きをしました。

すると、幼稚園児の女の子が近寄り、声をかけました。彼は、「制服を忘れた」と、ぼそりといいました。

女の子は、直ぐに「お母さんに電話して持ってきてもらえば良いんじゃない？」と言うと、彼は、「でも、僕は悪くないんだ」と。

女の子は、「えっ？　そんなこと関係ないよ。そうだ、誰かが2枚（制服を）持っているかもしれない」と、解決方法を言葉にしました。

その時、彼はハッとした顔をして、口をつぐみ泣きやめました。

彼は、人のせいにするのではなく、自分で解決策を探さなければならないと、気づいたのです。

《本人の言葉》

「僕は、自分の妹より小さい仲間から、いつも、お母さんから言われているような言葉を聞いて、**自分だけを守ろうとしていたことをちっぽけに感じました。**自分の殻を割られたようでした。他人のために声をかけるようになりたいです」

《保護者の言葉》

「小さい頃から怖がりでしたから、私が叱りすぎることで自己防衛反応が働いていたのかもしれませんね。この経験を生かし、**自分も人も守れるようになって欲しいと思います**」

④ トイレ引きこもり事件 頑固な女の子

小学1年生の女の子。

話しかけても多くしゃべらず、何か気に入らないことがあると黙り込んでしまいます。態度や言葉で意思表示が得意ではないようです。

学校で意地悪をされていたようです。その解決が思うようにならず、彼女は自宅のトイレの中にこもって出てきませんでした。（アフタースクールは送迎バスが回っていました）内容は聞かず、とにかく次の人が待っているからバスに乗るように説得し、乗車してくれました。

次のバス停の子どもが、「遅かったですね。もう、心配しましたよ」と言いながら乗り込んできました。彼女はうつむいたまま何も言いませんでしたから、「学校で嫌なことがあったらしく、トイレに籠っていて、なかなか出てこなかったのよ」と説明すると、乗ってきた子どもが、「**えっ？　〇〇ちゃん、トイレに入っていても何も解決しないよ**」と言いました。

さらに次のバス停の子どもにも、同じように説明すると、あっさりと、「いやいや、そんなときは、早くアフタースクールに行って、**みんなと話した方がいい**」と言いました。

その後も、みんな同じような反応が続き、バスがスクールに到着するころには、彼女の顔はすでに、すっきりしたような表情になっていました。

アフタースクールでは予定を変更して、彼女の話を聞くことになりました。

一人の男の子が、「内容はわかるけど、相手にも言い分があるだろうから、ここでは解決しないと思う。まずは、学校の担任の先生に相談した方がいい。相談した？」「していない」「言えない感じの先生なの？」「いいえ、言える」すると、他の子が、「先生に話すときに泣いたらダメよ。ややこしくなるから。それから、2時間目の休み時間がいいと思うよ。長いから」と、自身の体験が含まれているらしく、説得力がある意見が出ました。

大人にとっては、具体的な解決策がないままの話し合いでしたが、解決の場所と方法がわかり、彼女の顔が明るく、何かを得たような笑顔でした。（学校での意地悪のことは、学校できちんと解決されました）

《**本人の言葉**》

「私は気軽にたくさん喋ることは苦手ですが、**誰かに話すことの大切さを学びました**」

《保護者の言葉》
「解決の内容も大切ですが、**それを行う場所と方法がわかった彼女には貴重な体験でした**」

⑤ プチ暴言事件
お母さんを守りたい子

小学3年生の男の子。

普段は、大人との会話も上手で、子どもたちの模範となるような子どもですが、時に、自分の思い通りにならないと物に当たったり、暴言を吐いたり、イタズラをしたりしますが、ふだんはお母さん思いの優しい子どもです。

ある日のこと、お友達に対して「クソ」「お前なんか」ときたない言葉を発しました。

他の子どもたちもビックリしていました。時々、このようなことがあると聞いていたので、言葉について話し合いをすることになりました。

まず、「言葉は相手に伝えるためにあること」「言葉には意味があること」を伝えました。

問題となった「クソ」にはどんな意味があったのかとその子にたずねると、「おこっているという意味がある」と答えました。

他の子は「相手に向かってクソと言うことは、あなたはうんこですと言っていることにもなるよ」と言うとその子はおどろき「そういうつもりはない」と言いました。

また「お前なんか」にはどんな意味があるかとたずねると「おれは、強くて正しい。かっこいいんだってこと」と答えました。

他の子たちは「いやいや、そうはならないよ。自分のことじゃなくて相手がダメダメといっていて、君のかっこよさはそこにはないよ」

このように子どもの暴言のはじまりは、言葉の意味をよく理解しておらず、何かヒーローものの場面に出てくるかっこよさで使われはじめる場合もあります。

《本人の言葉》

「僕はお母さんを守る強い人だとアピールしたかった。**悪い言葉だとは知っていたけど、自分が思っている意味ではなかったからビックリした**」

《保護者の言葉》

「意味がわからず使っているのだとは思っていましたが、いつになったらやめるかなと思っているうちに、どんどん言葉がエスカレートしていくので、何かあったのか心の中がどうなっているのか心配していました。**悪い言葉を使わないように言うだけでなく、どういう場面をイメージして選んだ言葉なのかを聞くようにしたい**と思います」

04

子どもの表現力が未来を変える

～ウェルビーイングを推進させせよう～

1　ウェルビーイングとは

「ウェルビーイング」（well-being）とは、**身体的、精神的、社会的に良好な状態であることを意味する内容であり、「幸福」とか「福祉」と訳されている言葉です。**子どもたちのウェルビーイングを向上させるためには、直接的な要素と背景的要素があります。

直接的要素には、心の働き（心理的）、体の健康（身体的）、社会との関わり（社会的）、物事を知り理解する（認知的）などがあげられます。

間接的要素には、教育、経済、社会などの政策や、環境など、現代の様々な要素が上げられます。

いずれも人と人が関わり合う中で発生し、それを社会に表現することで、その環境を変えることが可能です。つまり、**子どもの表現力が未来のウェルビーイングを向上させる1つとも言えます。**

「**世界全体が幸福にならなければ個人の幸福がない**」と語ったのは宮澤賢治です。「今だけ、ここだけ、自分だけ」と言う発想では真の幸福は得られません。新型コロナウイルス感染症を現代への警告と捉え、もっと謙虚な生き方を模索することが必要でしょう。

新型コロナウイルスと共存しながら、どんな社会を築いていくか、私たちの新しい創造力が求められます。

2　子どもが「かっこいい大人」になる

かっこいいと思う価値観は、それぞれですが、子どもたちにとって、**「かっこいいと思える大人」の存在は子どもの成長を促します。**大人は何でも出来る存在だと子どもは思っている節があります。大人になるまでに、様々な練習や経験を積んだから出来るようになることを子どもに教えなくてはなりません。

子どもに、自分が目指す「かっこいい大人」のイメージを聞いてみました。（独自調査）

・人から信頼されている

・信頼し合える仲間がいる
・人から憧れられている
・人と意見を交わし合える
・社会ルールの見本になる
・たくさんの人と助け合うことが出来る
・多くの人に心配りができる
・色々なことにチャレンジする
・何にでも立ち向かう

子どもたちが、それぞれに思う「かっこいい大人」になれるように、どのような練習や経験が必要なのかを、大人は常に考えていかなければなりません。

3 子育てが上手くいかない時

「親の思い通りにならないのが、子育てだ」と発想を変えてみませんか。子どもを思うがゆえに、不安を引き起こす事もあります。

また、子どもの気になる行動は、誰かのせいにするのではなく、家族で明るい将来にむけて話し合うことから解決の道筋も見えてきます。

04 子どもの表現力が未来を変える 〜ウェルビーイングを推進させよう〜

子どもにとってお母さんのお腹の中は心地よい。

自分でご飯を作らなくても、お金を持っていなくても栄養が与えてもらえます。生まれると自分の腸から栄養を摂り、肺から酸素を取り入れる必要がでてきます。生きるために自分で自分の体の働きを高めなくてはいけません。

そして子どもが自立をすると言うことは自ら生きるための栄養を摂るために食べ物を作ったり買ったりする必要があります。また、体の働きを保つための服装や住まいも確保しなければなりません。

親は子どもが社会的に自立が出来るかと心配になりますが、それができるように必要な様々な力を身につけさせる必要があります。

これだけ重要なことですから、手法にこだわると息苦しくなります。世界中の人々全員が明日は初めてのこと。どうなるか、どうすればよいかわからないことだらけです。

だからこそ、**答えを求めたり教えたりするのではなく親が子どもの一番の仲間であること、いろいろと起こる問題を共に考える時間を持つことです。**親が忙しいことはわかっていますが子どもの人生がこれから始まるのも確かです。

命は時間の長さです。この大切な命の時間を子どもは必要としています。

そして**将来、親以外にも共に考えてくれる仲間を持てるように育てたいものです。**

子育てが上手くいかないのは、親が子どもにやらせたい事がある時だと考えてみませんか。

例えば子どもが宿題をしないのをさせるようにする。ゲームをやめるように言うけどやめないなどです。

宿題がどうしてあるのか、宿題をやりたくなるには親にどんな協力ができるのか。ゲームをやめるのがどうして必要なのか、ゲーム以上に楽しいことを親とどうやってみつけていくのか。

など**親子でたくさん話し合う時間を作りましょう。**

例え宿題の提出がおくれても、根本の課題を叱るためではなく、**共に解決する仲間**

として関わりましょう。

「事」「物」ではなく、**「心」を支えると子どもは自分の力でグングンと成長していきます。**

特に両親のイキイキした笑顔は子どもを大きく成長させます。

それでも上手く行かないときは、**納得できるまで、自分が信頼する人に話してみましょう。**別の視点からのアドバイスには、考えもつかなかった新たな方向性が発見できるかもしれません。

ひとりで悩まないでください。

親は、子どもが生まれてから親になるのですから、分からないことだらけです。分かったかと思うと、子どもは成長していて、新たな不安や悩みが発生します。その時の解決方法が見つからないのは不安ですが、時代・環境・個性などを考えると、子どもは、一人として同じではありません。だからこそ、様々な立場の人たちが知恵を出し合うことで子どもは育ち、**親も成熟していくのです。**

子どもも親を心配しています。

自分が親を悩ませていることを親が思う以上に心配する時期があります。特に母親の笑顔には子どもが安心する力があります。子どもを温かくつつみ込む心の余裕を持つよう努力しましょう。

4　大人のみんなで共に子育てを！

昔があり、今があり、未来があります。次の世代を担う子どもを育てるには、時代を越え、様々な経験のある大人たちが一人一人の子どもたちのことを考え、共に育つことが大事です。親子だけでは限界があります。それは、年代や経験だけでなく、立場が固定されることも大きな要因です。**親に対しても、子どもに対しても、肯定的に話しを聞く大人が増えることを望みます。**

親は子どものために頑張っています。しかし、子育てと仕事の両立は想像以上に大変です。いつの時代も大人に時間の余裕があったとは思えませんが、時間に対して窮

04 子どもの表現力が未来を変える
～ウェルビーイングを推進させよう～

屈な時代になりました。また、一人の子どもに対して、我が子のように関わりあう大人は少なくなりました。関わりを持ちたいと思っている人も多くいる中で、上手くニーズとシーズがマッチしていない状況です。

　時代は常に変化し、新たな環境を作ります。少子化の今だからこそ、若い人のアイデアを取り入れながら、**年代や立場の人が関わり合う社会の新しい形が求められています。**

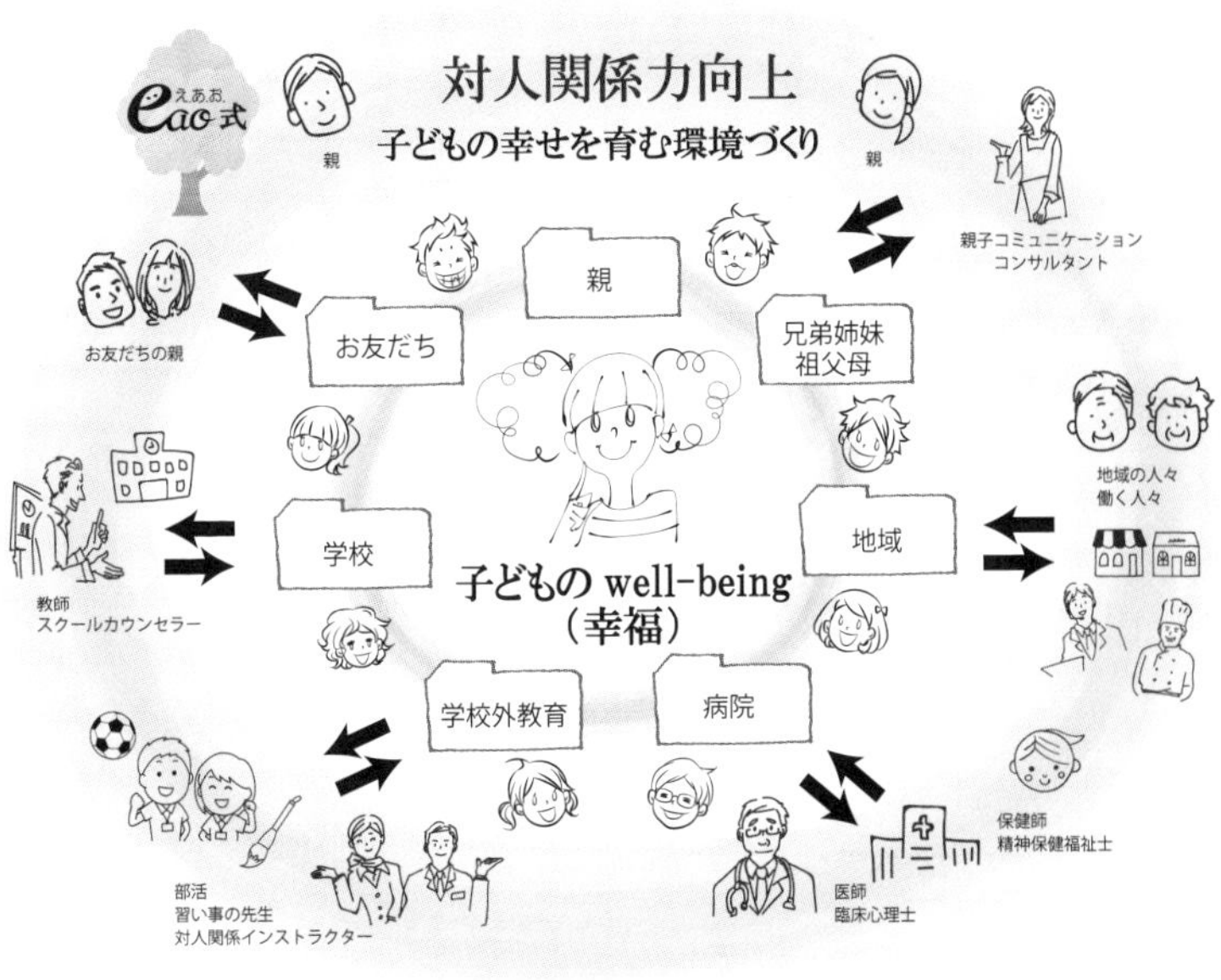

おわりに

最後まで読んでいただきまして、誠にありがとうございます。はじめて本を執筆しました。何度も書き直しましたが、文字で見ると言いたいこととイメージが違っていて、表現技術の難しさを痛感しています。

私は、子どもたちと関わることで、私自身多くのことを学ばせていただいています。最近、残念に感じているのは、大人が子どもに関わる時間が少なくなっていることです。

全ての子どもたちには、たくさんの可能性があります。約20年かけて大人になる練習をする期間です。子ども同士や様々な立場の大人が関わり合って、自立した大人を目指しているにも関わらず、その関わり方や方法を行う時間と場所が少ないのが現状です。

私がなぜこのスクールを始めようと思ったかという経緯を簡単にお伝えします。私は、もともと臨床検査技師として病院に勤務していました。介護施設も併設している病院でしたから、医療人として「人の生き方や命の時間」について学びました。

その後、結婚・出産を経験し、医療福祉の職業紹介所を開設しました。約3000人の方々を面談することで「仕事」「給与」「家族」「生きがい」など、人間模様を観察しました。同時に、厚生省委託人事育成事業や熊本県離職者訓練委託事業を受託し、キャリアコンサルタント講師として「キャリア支援」「自己理解」「他者理解」「自分の強み発見」「自己開示」などの講座を行いました。

その時に、知識や技術はいつでも学ぶ機会があるものの、人との関わり方は子どもの頃の経験や練習が、大人になって大きく影響することを知りました。

さらに、コミュニケーションや、対人関係に困っている「発達障がい」の子どもたちがいることを知り、国内・海外での発達障がい児について学ぶ必要性を感じました。当時、私には2人子どもがいましたが、米国マサチューセッツ州ボストンへ教育視察・研修へ行きました。さらに、カナダ・ノバスコシア州ハリファックスの学校を視察しました。海外では、ソーシャルスキルを習得できるカリキュラムがあり、成果をあげていることに驚きました。

日本の学校教育は、知識や体育が中心で、ソーシャルスキルを学ぶチャンスが少ないようです。子どもたちが、自分自身で、仲間とともに解決出来る場所と時間の提供が必要だと強く感じました。（現在は子どもたち同士で話し合う授業も増えてきましたが、異年齢の子どもや、親や学校の先生以外の大人との話し合いの場が増えることを願っています）このような思いから、２００５年、現在のスクールの前身であるＮＰＯ法人を設立し、子どもたちが「対人関係スキルを身につけたカッコいい大人になる」ことを目標に掲げ、子どもたちのスクール（塾）を始めました。（２０１２年からは株式会社で運営）

現在は、ｅ・ａ・ｏ・（えあお）チャイルズ コミュニケーション スクールを経営し、キャリアコンサルタント（国資）、親子コミュニケーションコンサルタント、対人関係インストラクター、発達障害児支援（特定非営利活動法人さくらの会理事）として、カウンセリングや講演活動も行っています。

熊本地震後、私たちのスクールも2回の引越しを余儀なくされました。その、２回目の引越しを終えた後、以前に訪問させていただいたカナダ（ノバスコシア州）ランドマークイーストスクール学長（当時）ピーター先生が励ましに来てくださいました。彼は私に、こう質問しました。

「あなたがあの大きな地震の後、今ここに居られるのは、自分にどんな力があったからだと思う？」と。

私は、多くの人の助けを受けていたので、自分の力について考えていませんでした。答えに困っていると、彼は「よく考えなさい。そして、その力を子どもたちに身につけてあげなさい！」と、強い口調で言いました。まさに、経験と生きる力を学ぶとは、このことだと心に響きました。

日々、社会環境が変わる中で、未来の子どもたちに、私たちが、何を提供できるか、次世代の子どもたちに経験という貴重な体験をどのようにつけてあげることが可能なのか今後も、さらにみなさんとともに考えていきます。

対人関係力を高めることによって、知識は生かされます。子どもたちが自分たちで未来を創造していけるよう心から願っています。

出版にあたり、色々な方にご協力をいただきましたことを、末筆ながら、心より御礼を申し上げます。そして、最後まで読んで下さいましてありがとうございました。

少しでもお子様の対人関係力向上のヒントになれば幸いです。

2020年11月1日

矢野美枝

矢野美枝履歴

熊本県立第一高等学校を卒業後、銀杏学園（現保健科学大学）衛生技術科卒業。
臨床検査技師として病院勤務。医療と福祉の職業紹介所を設立し「株式会社MTSの代表取締役」となる。
国内・海外での子育てや発達障害に関する研修・視察を行い、発達障がい児支援の「特定非営利活動法人さくらの会」を設立。
現在は「e.a.o. チャイルズコミュニケーションスクール代表」「フリースクールe.a.o.代表」として『対人関係インストラクター』『親子コミュニケーションコンサルタント』『キャリアコンサルタント』『ADHD指導者』『モチベーションインストラクター』として指導や講演活動を行っている。

〈矢野美枝〉

Facebook　yanomie3

〈e.a.o.スクール〉

ホームページ　https://eaoschool.com

Facebook　eaoschool

YouTube　e.a.o.チャンネル

対人関係力は必ず上達する

2020年11月1日　第1刷発行　　　定価1,400円＋税

著　　者　矢野　美枝
編集協力　株式会社 コロンバス
発 行 者　小坂　拓人
発 行 所　株式会社トライ

〒861-0105
熊本県熊本市北区植木町味取373-1
TEL　096-273-2580
FAX　096-273-2542

印　刷　株式会社トライ
製　本　日宝綜合製本株式会社